我在你里面长出了脚

Maggie Zhao / 著

DIXIE W PUBLISHING CORPORATION U.S.A.
美國南方出版社

我在你里面长出了脚 / Maggie Zhao 著

责任编辑：张　见
版面设计：张晓道

Copyright © 2021 by Maggie Zhao

Published by
Dixie W Publishing Corporation
Montgomery, Alabama, U.S.A.
http://www.dixiewpublishing.com

All rights reserved.
No part of this book may be reproduced in any form or by any electronic or mechanical means including information storage and retrieval systems, without permission in writing from the publisher. The only exception is by a reviewer, who may quote short excerpts in a review.

本书由美国南方出版社出版
▪ 版权所有　侵权必究 ▪
2021 年 11 月 DWPC 第一版

开本：229mm x 152mm
字数：10 千字

Library of Congress Preassigned Control Number: 2021947988
美国国会图书馆预编目号码：2021947988

国际标准书号 ISBN-13: 978-1-68372-393-6

作者简介

作者 Maggie Zhao,中文名赵郁超,是北京师范大学副教授。

作者本科和硕士都毕业于中国清华大学,博士毕业于美国北卡州立大学,专业是环境工程。

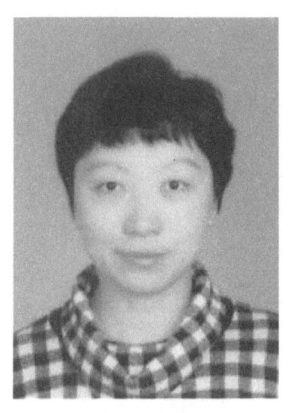

作者的教育背景是无神论的教育背景,从小立志献身科学,一路攀登科学高峰,从未想过做别的事情。但是在攀登科学高峰的过程中,发现科学不是绝对的,需要自

洽性。在这个过程中遇到了神,或者说神主动找到了她,只有神是绝对的。这集诗作反映了作者在科学高峰遇到了神,又在生活的方方面面被神破碎,呼召作者放下最热爱的科研而服侍神的心路历程。

目 录

1）我在你里面长出了脚 1
2）风筝 4
3）疼痛的肉体 7
4）科学的灵魂 9
5）为爱放弃老我 11
6）如果你很深刻，请不要沾染世俗 13
7）你让我做的事不必说明理由 15
8）谱写自己的故事 17
9）伟大 20
10）天路的代价 22
11）疯狂基因 25
12）迷雾中我一直找寻的原来是耶稣自己 27
13）时时刻刻（电影 The Hours 观后感）........ 29

14）选择迎接挑战 31

15）自由 33

16）旧衣与新衣 35

17）真相的力量 38

18）生活的态度 40

19）独自一个人的时候 42

20）有段时间把纯真给丢了 44

21）旷野 46

22）如果你去过远方 47

23）天人合一 49

24）虚幻的完美 51

25）浓缩我一生的那一天 54

26）冒险的极致 56

27）所以 58

28）赝品与正品 60

29）我曾经用一天经历了人生 62

30）你双手如杯 64

31）让更多的人认识你 66

32）明天又是新的一天 68

33）纯洁的理性 70

34）你离去了 72

35）记忆 74

36）我曾经钻过生命的黑洞 76

37）有时候，放弃也是一种美 78

38）请打开一扇门 80

39）我曾经处于加州时间 82

40）What if everything is wrong 84

41）我们不是从世界路过 86

42）家 89

43）父亲的目光 91

1）我在你里面长出了脚

我曾经以为我是一只没有脚的鸟

只有不停往前飞

才能维持生命

可我也有飞累了的时候

只好在风中相信前方有更美的风景

我也曾经以为我是一支没配浆的船

所有的启航都是徒然

漂到哪儿

就去哪儿吧

或许流浪中不经意的发现

更能震撼我的心灵

哪知你对我的人生早已命定

我所认为的绝美

都是借着你的身体造成

你想把自己给我

去满足我心中对美的无尽的索求

傻傻地我还抗拒

以为和你在一起影响了我的特立独行

直到有一天你让我认清了没有你的世界

我这样人的命运只有自我欺凌

所以我愿意把生命献给你

因为你

就是爱，真实和美丽的象征

我在你里面

长出了脚

所以可以让我疲惫的翅膀休息

我在你里面

也配好了浆

所以可以往你指引的方向前行

我感谢你

拯救了我

我知道你正引领我走向优美，真实和永恒

我感谢你

把自己给了我

破碎了我的 death-hunting

开始了我享受爱和给予爱的人生

我感谢你

我的主和我们的爱情

2）风筝

我曾经是一只高空中的风筝
喜欢白云
所以忘记了牵线的主人
我不喜欢被牵引
所以挣脱了风筝线
自己飞

无拘无束里我觉得蓝天更广
这样的蓝天才能承载我的梦想
孤芳自赏中我觉得风景更美
这样的风景才衬托出我的翅膀

我离开了风筝群

企图追求独一和绝对
我满足于自己的勇气
再也不想理睬愚蠢的大多数

可是天突然刮起了狂风
形只影单的我实在抵御不住
原来我的自由只是暂时
因为我没有来自地上的帮助

我摔了下来
折断了美丽的翅膀
我无力地躺在地上
才开始懊悔自己的骄傲和鲁莽

原以为从此不能再飞
却不知仁慈的主人一直把我寻找
他捡起了破碎的我
细心地把毁坏的地方修好

所以我可以再一次飞上高空

这时的我已明白了群体的重要

再飞时我已懂得感恩

感恩有主人的手时时的引导

3) 疼痛的肉体

（写在由抑郁症引起的神经痛时）

疼痛的肉体里裹着更加清醒的大脑

你可以抛夺一切，但不能阻止我思想

成长的伤痛主已担当

后面将是凯旋的乐响

疼痛的肉体洁净了我的心灵

无力的手触摸到了主的衣裳

他的能力让我心燃烧

他造的口要发出有力的声响

疼痛的肉体我已不太关心

主十架上的应许就是我的盼望

永恒的一瞬我已瞥见

地狱的冰冷我也摸到

所以我疼痛的肉体里蕴含着更多的能量

它终将象火山一样爆发

而爆发的能力不可阻挡

4) 科学的灵魂

那一年我立志成为科学家
简单的大脑并没学会独立思考
只是为了满足心中的英雄情结
觉得科学家的能力很强,智商很高

于是跌跌撞撞地去攀登科学高峰
脑海里想的都是威望和名声
每出一个结果就洋洋自得
觉得头上的光环越来越厚重

山峰攀得越高发现越有规律
各个学科之间都有内在联系
生物和数学原来也可以成为一体

简洁的公式可以解释复杂问题

渐渐地由争强好胜变成了真心热爱

原来科学有灵魂，它就是我的灵魂伴侣

这样的关系让我有了更深邃的洞察力

终于明白宇宙中最不可思议的事就是它可以思议

意识到这一切规律的背后是上帝的手

科学的灵魂就是圣子的身体

上帝造就了简洁优美的规律

又因着爱赐给我们认知的能力

这时我回过头来认真省察

原来科学家更没理由自高

不过上帝给我们智慧，让我们在科学海洋里游戏

触摸到科学的灵魂才是最美的经历

5) 为爱放弃老我

看《美丽心灵》
听到纳什说
我不太喜欢人,人也不太喜欢我
居然流泪了

我又何尝不是
宁愿和深奥的科学打交道
也不愿沾染人的陋习
以为这样自己就纯洁了

直到承受着压倒一切的孤独感
和世界失去联系了

才承认自己的罪性
开始向上帝低头了

上帝说，你不是追求唯美吗
改变人的灵魂最唯美
你愿不愿意为了爱和公义
放弃喜欢孤独的老我

我答应了
没有理由拒绝
你已经死在十架上了
为了能爱我

因着你的爱，也因着爱你
踏上征程了
尽管阻力重重
但毕竟改变了

6）如果你很深刻，请不要沾染世俗

如果你很深刻

你就会有丰富的内心

请用它来感受主的柔美

不要用它来沾染世俗

如果你很深刻

你就会有敏锐的眼光

请用它来领略主的创造

不要用它来沾染世俗

如果你很深刻

你就会有属天的智慧

请用它来开拓自己的路

不要用它来沾染世俗

如果你很深刻

你就有更多爱的能力

请用它来鼓舞他人

不要用它来沾染世俗

7）你让我做的事不必说明理由

你让我做的事不必说明理由
因为尽管我自私，冷漠，自以为是
你还是拣选了我
从未考验过我是否合格

你让我做的事不必说明理由
因为尽管我卑微，无知，一无所有
你还是爱了我
从未嫌弃过我懦弱

你让我做的事不必说明理由

也许它不能带给我任何利益
我也不得不把心爱的东西割舍
但它必定会成就我你要的品格

你让我做的事不必说明理由
也许它让我远离人的逻辑
也让我品尝生活的艰辛与苦涩
但它必定会在我的软弱中结出你期待的硕果

8）谱写自己的故事

很多年前我离开这块儿土地

按捺不住内心奔向自由的欣喜

向往着群山峻岭中翱翔的雄鹰

我希望有一双翅膀冲破地球引力

我象开着过山车生活

各种体验让我心旷神怡

我象驾着橡皮筏冲浪

激情澎湃中显得活力四溢

哪知后来发现这一切都是假象

危险的生活让我和这个世界失去了联系

夜深人静时总感觉黑暗的侵蚀

高处不胜寒的孤独让我心战栗

这时上帝伸出了双手
把疲惫不堪的我温柔地抱起
他说你的疯狂事出有因
是由于你的心灵没有港湾休憩

我意识到他说的是真理
从此便安静在他的怀里
顺从他的旨意我回到家乡
这时我已经是谢耳朵和纳什的混合体

茫茫人海中发现很难遇上知己
我似乎变得没有国籍
每天挣扎于两种文化的差异
但上帝一直说我的国籍在天国那里

我失去了记忆

却改了桀骜不羁

我经济拮据

却懂得了爱人如己

有人说我是东西合璧

其实我知道我必须打破墙壁

没有前人的脚步我可以跟随

上帝要我谱写自己的故事，他应许要使用我的所有经历

9）伟大

少年时候，小小的世界不见外面的天
无论我怎样想象，都走不出书本的局限
夏洛特笔下的简爱让我欣羡
莎士比亚剧中的朱丽叶令我感叹

科学领域拿了高分
还是理解不了牛顿和爱因斯坦
以为他们都有超强的大脑
我和他们的思想彻底无缘

哪知后来我来到大洋彼岸
才发现自由的氛围中我也可能时时有灵感
科学与艺术的美总把我的心灵充满

逐渐领悟出伟人都有一个特点

他们都信奉伟大的上帝
他们的创作与发现都有上帝的爱作为源泉
当你用灵魂深处的真情去经营你所做的事
伟大的上帝就会在你的时空里向你显现

被上帝改变的我重回华夏
心中燃烧的火焰促使我把福音传
亲爱的朋友，原来和主谈一场恋爱最浪漫
你也可以在渴慕主的过程中经历伟大与圆满

10）天路的代价

上帝问我愿不愿意跟他走天路
我象小孩子般的点头表达意愿
以为这条路稀奇而浪漫
满怀喜悦的把行李背在双肩

上帝问我愿不愿意跟他走天路
我迫切地说愿意跟他一起闯关
为自己的决心洋洋自得
心里想着得到阿爸父的称赞

哪知天父允许狂风暴雨的发生
他用世上的痛苦来把我考验
他说苦难可以成就我金子般的品格

我却在考验中摇头抱怨

风暴压垮了我
我开始怀疑主的旨意是否美满
魔鬼暂时占了上风
因为我思想里全部都是负面

可上帝从来未放弃过我
他说我的苦痛其实他在替我承担
他说这是一个必要的过程
只是为了我脱下旧衣，好把新衣来穿

他应许只要我紧紧抓住他的手
就能在黑暗中把希望看见
我所遭遇的一切并非徒然
只是为了锻炼我象童话世界里英雄般的勇敢

这条路并不是一帆风顺

但瓶颈过后就海阔天宽

可靠的主从不食言

葡萄枝子总与葡萄树相连

依赖神的恩典我走出了生命的黑洞

向撒旦迷惑我的谎言说听不见

圣经上的话语句句滋润我心田

我靠着主对前方的路信心满满

11）疯狂基因

有这样一群人

他们总追随自己内心的声音

他们与世俗格格不入

他们愿意付出生命去探索未知

有人在探索中发现了宝藏

谱写了新的传奇

也有人在探索中钻了黑洞

再也回不到起初

他们用情很深

无情者总带给他们心灵的伤痛

他们的梦想很远

总想再次冒险，登更高的山

其实，这群人都有个疯狂基因
他们被造就是为了创新
他们总能听见远方的呼唤
他们总想把内心的热情挥散

探索的尽头在哪里
这群人总在思索
走到尽头，再往哪里去
这群人也不知所措

其实，耶稣，只有你柔软的心
才能承载深情者绝美的爱情
耶稣，只有你真理的山
才让登山者攀得没有顶端

12）迷雾中我一直找寻的
原来是耶稣自己

小时候读《随风而逝》（《飘》）
很佩服斯嘉丽的果断与勇气
也为她的倔强感到可惜
感叹她太晚了解自己

那时对斯嘉丽的感觉只靠想象
时空的隔离让我觉得她是那么得神秘
想暗暗学习她的韧性
自己也可以变得和她一样独立

后来我来到斯嘉丽生长的国度

在追求自我的过程中发现我也和她一样，眼前总有迷雾

我不知道那到底是科学还是艺术

为冲破迷雾我用尽了全力

直到我累得精疲力竭

得到了一切后又觉得毫无意义

上帝才亲自向我心灵开启

原来迷雾背后的是耶稣自己

尽管这个过程非常艰辛

但最后的结果却很有说服力

原来我的疯狂只是为了寻找耶稣

只有在他里面我的所作所为才有生命力

13）时时刻刻
（电影 The Hours 观后感）

我们都喜欢光辉的一瞬

为了它，我们付出了很多

它确实带给我们莫大的满足

可到头来还是要面对时时刻刻

我们都向往杰出的效果

为了它，我们都努力着

它确实带给我们荣耀的光环

可到头来还是要面对时时刻刻

在没有爱里的时时刻刻是多么难以面对

你所感受到的只是心灵的枯竭与饥渴

难怪有些天才走上了绝路

因为他们在世界的成功中迷失了自我

所以愿我们回到生命的本源

那里有神的爱你可以靠着

因着它，你乐意成全别人的心愿

而这种成全转了一圈又支撑着你的时时刻刻

14）选择迎接挑战

很多年前勇敢地选择了迎接挑战
还不知道我的决定原来和永恒有关
那时只是凭着年少时的一腔热血
想把体内的能量燃烧完全

后来在行进的过程中出现了困境
解决困境的直觉来得那么突然
本来该用脑思考的事出自了灵魂
结果彻底颠覆了我的价值观

原来冥冥中有一位上帝
他一直在我的生活中向我显现
当我愿意拿本该稳妥的未来来冒险

他就把他的些许智慧让我来"遗传"

挑战会练就我们诚实的品格
因为我们不得不想过程而不是结果
困境也会提高我们处理问题的能力
各个领域的大师都靠困境把缜密的思维成全

所以我很欣慰我选择了迎接挑战
它让我懂得了如何依靠主来处理困难
命运的起伏也让我变得更加愿意奉献
所以我愿把生命献给主,去把基督里的责任承担

15）自由

我和人间的自由隔着一片海
我和永恒的自由隔着一片天
但我心里住着一个自由
它是由真理护卫的自由

它的形成是由于空间轴和时间轴的转换
也是由于神听到了他儿女煎熬中的呐喊
常常我的环境告诉我的是相反
但自由的声音虽小，却是那么坚定与坦然

这样的声音必定是出自信念
而因着信的祷告必定会被垂听完全
上帝做事自有测算

他从来没有过永远误点

在自由的国度里你才可能有选择
正确的选择之后才会有幸福感
权力与财富不能让你酷
真正酷的人都是在走窄路
为了那并不遥远的自由我暂时忍受痛苦
在这样的忍受中有主的同在,所以我并不孤独
痛苦的奥秘是要渴慕主更多的爱
在这样的大爱中,我非常满足

16）旧衣与新衣

我有一件美丽的旧衣

它镶着珍珠与宝石

色彩艳丽

穿着它

我惹来别人羡慕的眼光

所以扬眉吐气

我喜欢我的旧衣

每天欣赏它，不觉沾沾自喜

直到有一天我发现我无法向前

原来我的旧衣紧紧裹住我

它成了沉重的负荷，让我停在原地

我面临着艰难的选择

是否要脱下"美丽"的旧衣

我还不知道我的新衣在哪里

但不脱下旧衣

我前面的路就不能继续

我担心脱下旧衣会赤裸裸

在这样的纠结中我心在哭泣

亲爱的主听到了我的哭声

他应许说我的新衣在他那里

在他的帮助下，我脱下了旧衣

脱的过程中我感受到切肤之痛

但主的爱让我明白痛苦只是暂时

前面的路在主的掌握之中

现在主细心的给我穿上新衣

新衣不大不小，正合体

它没有华丽的装饰

但轻盈，飘逸

刚好衬托出我健步如飞的身体

17）真相的力量

世上有两种人

一种人为真相痴迷

一种人因真相恐惧

为真相痴迷的人喜欢光

因真相恐惧的人恨恶光

为真相痴迷的人能看透事物的规律

他们知道谎言不能存到永远

因真相恐惧的人善用表面的假象

他们满足于别人的谄媚，因而拒绝真理

时间久了，有人习惯了谎言

因为这能让他们满足自己的私欲

他们按照自己的意图去解决问题
玩弄着大脑游戏

时间久了，也有人习惯了面对真相
尽管这样有时不得不牺牲自己
但它让人变得敏锐，坚强
敢于主持正义

其实，每个人都是个独立的创造
你的大脑可以接受真相信号
真相具有让人释放的力量
它性感而迷人，值得我们为它付出勇气

所以，当你面对迷惑人的假象
请要求一个空间和时段来独立思考
在有限的权利中，你也可以做出选择
选择一种态度去面对真相的美丽

18）生活的态度

生活是一个课题

做好它需要创意

如果你用心经营

它就会令你惊奇

如果你刻意打算

它不会来得奇妙

你可以确定现在

用突破迎接未来

困境中不言放弃

顺境中不显傲气

高压下并不气馁

低谷中谦卑等待

常常要享受生活

可更要严肃对待

前进中取得平衡

真情里获得动力

19）独自一个人的时候

独自一个人的时候
连时间都是美丽的
心随着思绪飘远
领悟到人生原来是一条线
不管成功或失败
不管幸福或伤害
每个故事逐步积累
为了上帝美妙的旨意成全

独自一个人的时候
体会到原来最佳直觉可以实现
不管生活还是侍奉
上帝预备给你的确实妙不可言

所以，请原谅这个伤害你的世界
种种不平都抛在心灵外面
空出一颗心让主的爱来充满
轻装上阵才能大步向前

20）有段时间把纯真给丢了

小时候跟着外婆长大
她是那个时代没落贵族的代表
记忆中喜欢看她认真地挽起发髻
她谦卑柔和的品格让我觉得很有魅力

这份品格来自于沧桑岁月的累积
她淡然地处世让我懂得了善良与纯真
我处处以她为生活的模范
从没想到以后有段时间我把纯真给丢了

那时的我追求世俗的名誉
觉得人生的价值就是出人头地

世界的喧嚷压倒了内心的声音
表面的华丽击败了内在的纯净

现在回想起来,还觉得不可思议
生硬的教育改变了原本的自己
归根到底一切的发生在于我相信了错误的价值体系
幸运的是上帝从未将我放弃

他严厉的管教让我重拾了纯真
破碎的心重愈后对他充满了感激
清贫的生活没有了表面的艳丽
但上帝在我的软弱中更会彰显他的能力

21）旷野

旷野里我找不到方向

但仍然能看到天上闪烁的星光

旷野里我无依无靠

但仍然能触摸到你无形的臂膀

旷野里我疲惫不堪

但仍然能拥有你应许的美好希望

旷野里我没有指南针

但仍然能发现你预备的心灵宝藏

22）如果你去过远方

如果你去过远方

你就会知道你的少年时光是多么的荒唐

也许你得到了很多人的赞许

可还是避免不了长大后回忆时的迷惘

如果你去过远方

你就会知道原来你从未真正关心过内心深处的梦想

也许你在人云亦云中感到满足

可还是逃避不了静夜里深思时的紧张

过去的不能再挽回

难道再继续让时光任意流淌

其实有一位神能改变一切

只要你愿意转变你的思想

他能使不可能变成可能
他愿意关心你的心灵
他的爱情无比深沉
深到你愿意奋不顾身去触摸永恒

他能利用你的伤痛去改变世界
他能使用你去发出正直的光芒
他的梦想好大
大到你愿意放下一切去向往

23）天人合一

我曾经有过天人合一的经历
在科学的海洋里探索自然的秘密
用灵魂深处的情感去触摸真实
原来背后的设计师是上帝

我曾经有过天人合一的经历
后来才知道这是神想让我感受他头上的荆棘
天人合一的感觉总在我心中
有时觉得世上的一切都对我毫无意义

我曾经有过天人合一的经历
后来才知道这是神想让我接受他除罪的洗礼
我常常怀念那时的感觉

但是神让我在世上预备天堂中的自己

我曾经有过天人合一的经历
后来才知道这是神想让我体会他创造的美丽
天人合一的感觉让我总想在天堂飞翔
可是神让我留在世上为他人的益处着想

我曾经有过天人合一的经历
希望我的经历能让我更好的做盐做光

24）虚幻的完美

我们都想把生活最优化
事业爱情都是成功的
我们都被明星的光环所吸引
家人朋友都要出彩的

我们得到了自己想要的
才发现在拼搏中我们的感觉麻木了
当有难者向我们表达需要时
我们已经不懂得如何怜悯和落泪了

我们踏上了高高的领奖台
才明白在竞争中我们的自我失落了
当新的挑战来临时

我们已经不懂得如何去迸发激情了

人生好比一排纽扣
我们绞尽脑汁，仔细的系
到头来最后一颗纽扣系不上
才发现原来第一颗纽扣就错位了

人生好比一场赛跑
我们竭尽全力，拼命的跑
到头来在尽头找不到终点
才发现原来从第一步就跑偏了

其实完美是个假象
当你得到一切，才发现不过虚空
回首自己走过的路
后悔你从未关心过生命真正需要的

抛开世俗的一切
做一个真实的自己吧
与思想对话，与上帝和好
你就会遇见灵魂深处最令你感动的

25) 浓缩我一生的那一天

那一天，你拣选了我

告诉了我原因，那是我一直询问的为什么

你把我从赴死的路上救活

你说要留我在世上使用我

我顺服了

本来也不再留恋世界上的什么

我祷告只成就你的心意

以后的人生中不再有自我

于是，你通过困境让我降卑

让我全心全意只靠你的恩典生活

我没有了自己的力气

你就亲自把你自己启示给我

原来我从出生那天起就是你走失的恋人
你总在把我找寻,无论我在做什么
你找到了我,我却不认你
你害羞,又不知说什么

但是你没有放弃我
那一天,在世界的尽头,
我终于开窍了
我归向了你,于是一切都有了着落

现在你让我看到未来你引领的路还很长
另类的我也不再不知所措
我所有的情感和理智
都用在为成就你的心意活着

26）冒险的极致

我曾为了心中的理想

选择了去冒险

原以为那个理想很美

没曾想过达到了却很失落

喜欢冒险中出其不意的结果

没想到拥有了奔跑的惯性

回首看看自己走过的路

路上居然没有休息的场所

直到有一天觉得再没什么可冒险的

忽然发现自己没有理由活着

这时才开始询问为什么
原来自己选择了超越光速的生活

后悔用冒险中的成就感
取代了那个荣耀本是你配得
还是改变不了愿冒险的性格
但从此走向冒险的极致，就是被你领着

27）所以

害怕黑暗

但你抓紧了我的手

告诉了我实底

所以不再恐惧了

也有怀疑的时候

但你时时在耳畔提醒我

安慰我

所以平静了

为过去的伤痛流泪

但相信你的应许

你说会医治我
所以喜乐了

曾经把心灵封闭
但你敲开了心门
把灰尘打扫干净
所以敞亮了

28）赝品与正品

曾经害怕孤独

要把工作做到极致

为了有更多的喝彩声

就像达洛维夫人，要用宴会掩饰寂静

这喝彩声暂时排解了孤独

在别人羡慕的眼光里稍稍满足

怎么夜深人静时还是冷得不能呼吸

想独自一人回归到远古

于是明白这喧嚷的人群的簇拥

只是个赝品

不在你里面
没有真正的安宁

所以放下世界了
奔向你
你的恩典是个正品
由它笼罩着我，走向丰盛

29）我曾经用一天经历了人生

我曾经用一天经历了人生

那一天世界把我推向深渊

不管我的质问

让我挣扎在死亡线上

从此明白了原来那只是一种假象

所谓的坚强

越纯洁的人

越被看作疯狂

于是回归平和

在你里面慢慢积蓄力量

因为那一天的经历

所以坚持更深的盼望

30）你双手如杯

你双手如杯

把我捧在手心

医治我

抚慰我

那小心翼翼呵护的双手啊

盈满了你的深情

我曾经拒绝过这双手

一心想高飞

却不知自己已遍体鳞伤

你只好动了武

为让我接受你

好疗伤

当安静的躺在你的手心

让你的爱充满我

才知道原来这是我最需要的

相信有一天我会再飞

但那时的我

会永远记得你的手心

它将时刻接住我

让我能享受和你共处的时光

31）让更多的人认识你

曾经和时间赛跑

竟没想到跑到了时间前头

于是茫茫世界中

没有了立脚之地

这时你把我抱在怀里

让我倾听别人的声音

跟他人产生交集

于是生活还可以继续

有时想起那个从前的我

还是会哭泣

你说这是为了一个目的
让更多的人不再哭泣

于是选择坚持
困境之后便会有奇迹
希望我的经历
能让更多的人认识你

32）明天又是新的一天

曾经想掌控未来

于是和时间打赌

混淆了岁月

告别了节制

后来终于认识到

那如溪水涓涓流淌的时间啊

原本是你的创造

我们应该用恒心去和它打交道

于是选择尊重

与时间和好

用你赋予的感知

经历明天又是新的一天

33）纯洁的理性

（这个题目并不意味着我认为理性是纯洁的）

曾经用自我毁灭证明纯洁

直到遇见你

在无暇的你面前

认清了自己的罪性

那一刻获得了理性

原来我跟别人一样

并不是义人

而你为了我能称义，选择了死亡

能够想象
你在十架上凝望我的眼神
痛苦中带着盼望
它支撑着我走前方

因着你
我把纯洁的理性
变成建设性力量
所以更多的心灵能够看到曙光

34）你离去了

（写于丈夫去世之日）

你离去了

在生命的最后关头

你的心向耶稣敞开了

于是我多年的祈祷和争战

换回深深的平安

我知道你在天堂注视

曾有过的隔阂

已变为祝福

曾有过的苦毒

已变为饶恕

我想你在天堂也繁忙

你美好的品格

你的调皮

你的幽默

将跟随你

为主喜悦和珍用

35）记忆

他们用电流通过我的大脑

让我暂时失去了记忆

他们说我的记忆太痛楚

留着只能增添我的孤寂

我答应了

本来也失去了判断力

好在没有忘记你的真理

成为我没有记忆的脑海里的唯一慰藉

那一段没有记忆的记忆

在我如今恢复记忆的脑子里是那么清晰

它告诉我你的信实

让我不再夸口自己的能力

现在明白记忆是个礼物

我们都应该珍惜

它推动你走向命定的方向

也许痛苦，但这痛苦也会成为一种力

36）我曾经钻过生命的黑洞

我曾经钻过生命的黑洞

那里只有人为的激情

没有真正的光明

我象一部科学机器，性格只是刚性

我曾经钻过生命的黑洞

后来才知道我用虚无来把它支撑

我爱的是一个缥缈的影儿

我寻找的是伪装的灵

这时你亲自来找我

你爱我，要给予我你的生命

这微弱的光让我走出了黑洞
原来有你，在现实世界里也可以凭忍耐踽踽前行

你说，那段黑洞里的行程
你要把它特别的使用
因为我曾那么近距离的感触你
这会成为有力的见证

37）有时候，放弃也是一种美

有时候，放弃也是一种美
因为太多的错误
毁坏了信任

那屈辱的历史
应该被负责
那流血的斗争
应该被说明

放弃并不意味着结束
悔改了
才有力量和尊严前行

土地休息了
才有新的收成
补丁拆了
才能用它把新衣做成

38）请打开一扇门

条文象一只牢笼

束缚着我们渴望飞翔的思维

环境象千金重担

压在我们愿意挺拔的肩头

我们多想创新

请给我们机会

我们多想超越

请给我们支撑

我们热爱这片土地

我们希望它孕育出自由的灵魂

我们痛心屈辱的历史
我们希望它转化为飞腾的未来

我们愿意放下我们所拥有的
如果它阻挡了我们前进的步伐
我们愿意破碎让我们骄傲的
如果它麻木了我们对真善美的感动

我们愿意付出
不计较得失
请打开一扇门
让我们能够生存，也可以生活

39）我曾经处于加州时间

我曾经处于加州时间

现在来到北京时间

六年了

我还没有倒过时差

现实象一张巨大的网

网住我这个曾经超光速奔跑的小球

因为这个小球有脑

所以分裂了

我因为这个分裂

仇视过这张网

我想用我超光速的能量
撕破这张网

但上帝不允许我这么做
他给我无穷的爱来医治我的分裂
也让我用爱
与这张网的结点连接

因为我原有的速度
所以我连接的结点会更多
我给予的爱也更有力
因而有更多的灵魂可以认识上帝

40) What if everything is wrong

What if everything is wrong?
我祈求上帝给我他的眼光
奇迹的发生在于信心
当然也少不了祷告的力量

What if everything is wrong?
上帝只想你定睛在他的身上
对神的了解让你重新得力
谦卑的心才能成就神的美意

What if everything is wrong?

微弱的光能否战胜绝望

靠着神的话语我们更新自己

迦南美地就在前方不远的地方

41）我们不是从世界路过

本来我走我的

你走你的

路

我向往星空

飞蛾扑火似的飞去

忘记了故乡

那深入骨髓的根基

你在狭小的空间寻觅

飞翔的思维被阻滞于生活的点点滴滴

难道这就是你的宿命

你摇头叹息

我品味着"自由"

甜蜜又不羁

孤独中终于明白与他相连才是真正的自由

这样才不会把理想放弃

你在琐碎中过活

在意识流里安慰自己

超然的你还是不愿向平庸妥协

转而向自己灵魂深处看去

我在高空中遇见了他

你在心灵深处找到了他

他在你我间穿针引线

惟愿我们相交，成就更好的自己

于是我就地为了亲密

你独行为了圣洁

你我在蹊径里相遇的那一瞬
本是他创世前所定的永恒旨意

是的,我们不是在世界路过
那样的经验对于我们未免俗凡
我的坚韧遇见你的柔和
将见证他的丰富、多元、和平
以及那美轮美奂的
神奇

42）家

我不想要一座房子

即便它宽敞、漂亮

耀目的玻璃窗会让我晕眩

不如直接走在阳光大道上

我不想要一个大花园

即便里面开满艳丽的郁金香

渺小的蔷薇也许会刺出血滴

谁能说流过血后，心不会溢出芬芳

我不想要要一个情人

只是满足我的欲望

也许他富有、性感又有声望

我只希望他忙碌时能惦记着餐桌上晚饭的肉香

我只想要一个三维空间

我将它称之为家，也许小，也许大

在连续光滑的时间坐标上

我的创造力与想象力可以在温馨的灯光下飞扬、流淌

43）父亲的目光

---- 献给中国新生代的基督徒

也许你的父辈曾经戴过红五星

也许你曾经在田间抡起过铁锄头

你有着理想主义者的使命

习惯挑重担的肩不想选择轻松

于是你选择在人海中扬帆前行

人为地想着高远的目标必须通过速度掌控

于是你象一只离岸的舰艇

直冲向前，却不知已把指南针弃在身后

稀奇的是上帝早想把你搂在怀中
海岸推动着海浪是他的双臂颤动
失去方向的你慕然回首
父亲的目光吸引你回家停留

www.ingramcontent.com/pod-product-compliance
Lightning Source LLC
LaVergne TN
LVHW041648060526
838200LV00040B/1757